Taschen kann Frau nie genug haben – mit „tausend und meine Tasche" verleihen Sie dem Trend-Accessoire ein persönliches Flair. Setzen Sie mit Taschen, Bags und Beuteln Fashion-Statements und peppen Sie Ihren individuellen Look ganz einfach auf.

Do-it-yourself ist angesagt, und das gilt auch für Taschen: Selbst genäht aus trendigen Stoffen wird aus jeder Tasche ein modischer Blickfang. Wir haben die schönsten Modelle in ansprechenden Formen und Farben für Sie ausgesucht, vom praktischen Shopper bis zum eleganten Abendtäschchen.

Ich wünsche Ihnen viel Spaß beim Nähen Ihrer individuellen „Designer-Tasche".

Cordhandtasche

für den entspannten Freizeitlook

GRÖSSE
40 cm x 45 cm

MATERIAL
* Oberstoff: grober Cordstoff in Beige, 70 cm x 150 cm
* Futterstoff: Futtertaft in Dunkelbraun, 50 cm x 140 cm
* Nähgarn in Dunkelbraun (für die Absteppungen)
* Nähgarn in Beige
* Volumenvlies, 20 cm x 70 cm
* 2 Metalldruckknöpfe in Silber, ø 1,5 cm

ZUSCHNITT
* Oberstoff:
  2x Schnittteil „Vorderteil“
  1x Schnittteil „Rückenteil“
  2x Schnittteil „Außenblende“
  2x Schnittteil „Innenblende“
  4x Schnittteil „Träger“
* Futterstoff: 2x Schnittteil „Taschenfutter“
  1x Schnittteil „Innentasche“ (doppellagig im Stoffbruch)

SCHNITTMUSTERBOGEN 1A, 1B, 2A + 2B

1 Die Schnittteile zuschneiden. Die Abnäher an den beiden vorderen Taschenteilen und am rückwärtigen Taschenteil nähen und bis 2 cm vor der Spitze einschneiden. Die Nahtzugaben auseinanderbügeln. Die Taschenmitte im Vorderteil rechts auf rechts zusammennähen und wiederum die Nahtzugaben auseinanderbügeln.

2 Die Abnäher und die vordere Taschennaht auf beiden Seiten der Naht in einem Abstand von 5 mm absteppen. Danach die beiden Außenblenden jeweils rechts auf rechts an das vordere und rückwärtige Taschenteil nähen und die Nähte ausbügeln. Diese Blendennaht auf beiden Seiten der Naht in einem Abstand von 5 mm absteppen. Nun das Vorderteil und das Rückenteil zusammennähen.

3 Die Längsseiten der Träger rechts auf rechts zusammennähen, wenden und bügeln. Die Träger an die Außenblende nähen, dabei mehrmals hin und her nähen, damit der Träger genügend Gewicht tragen kann.

4 Die Knopfpositionen auf der linken Futterseite der Innentasche anzeichnen und auf diese Stelle ein kleines quadratisches Stück Volumenvlies kleben. Danach die Innentasche links auf links auf Mittelbruch bügeln und an den Außenkanten bei 5 mm zusammenheften. Nun nach Herstelleranleitung die Oberseite der Druckknöpfe einarbeiten. Für die Gegenstücke der Druckknöpfe ebenfalls ein Stück Volumenvlies auf die linke Seite des Taschenfutters laut Knopfmarkierung kleben und die Unterseite einarbeiten. Die Außenkanten der Innentasche 1 cm umbügeln, die Innentasche auf das Taschenfutter knöpfen und an den Kanten aufnähen.

5 Die Innenblenden jeweils an das vordere und rückwärtige Taschenfutter rechts auf rechts annähen, danach die Naht nach unten bügeln. Die Abnäher im Taschenfutter in Falten legen und verriegeln. Nun die beiden Taschenfutterteile rechts auf rechts zusammennähen und dabei eine Wendeöffnung belassen.

6 Die Außentasche aus dem Oberstoff auf rechts drehen und das Taschenfutter auf links drehen. Nun die Oberstofftasche in die Futtertasche stecken. Die Oberkante der Tasche, d. h. Außenblende und Innenblende, rechts auf rechts entlang der Kontur aufeinandernähen. Anschließend die Tasche wenden, bügeln und die Oberkante bei 5 mm absteppen. Die Wendeöffnung innen schließen.

Farbverlaufstasche

Trilogie in Blau

1 Die Schnittteile zuschneiden. Das hellblaue Taschenteil rechts auf rechts auf das blaue Taschenteil legen, dabei die gegenläufige Rundung gleichmäßig verteilen und heften. Anschließend die Naht mit der Nähmaschine nähen. Nun das dunkelblaue Taschenteil rechts auf rechts auf das blaue Taschenteil legen und festheften. Danach mit der Nähmaschine nähen. Das gleiche mit der Rückseite der Tasche wiederholen. Die Teilungsnähte in eine Richtung bügeln. Den hellblauen Taschenboden rechts auf rechts auf den blauen Taschenboden legen und an der kurzen Seite zusammennähen. Nun den dunkelblauen Taschenboden rechts auf rechts auf den blauen Taschenboden nähen. Die Nahtzugaben auseinanderbügeln.

2 Den Taschenboden rechts auf rechts auf das Taschenteil legen. Mit dem Anlegen des Taschenbodens an das Taschenteil erst an der Schnittmarkierung beginnen, ca. 2 cm unterhalb der Kante. Die Schnittpunkte der verschiedenen Blautöne aufeinander stecken, die Weite in den Rundungen gut verteilen und zunächst festheften. Den gleichen Arbeitsgang mit der anderen Seite des Taschenbodens und Taschenteils wiederholen. Dann beide Nähte mit der Nähmaschine nähen und dabei nochmals die Schnittpunkte kontrollieren.

3 Den Reißverschluss öffnen und die eine Seite des Reißverschlussbändchens so auf die rechte Seite des Taschenteils auflegen, dass die Zähnchen ins Teil schauen und das Bändchen entlang der Schnittkante liegt. Den Reißverschluss aufnähen. Mit dem anderen Reißverschlussbändchen den gleichen Arbeitsgang an der anderen Seite wiederholen.

4 An die kurze Seite des langen Trägers einen festen Wollfaden annähen. Den Träger rechts auf rechts auf Stoffbruch legen und an der langen Seite zusammennähen. Mithilfe des Wollfadens kann der Träger nun gewendet werden. Anschließend die Naht ausbügeln. Die gleiche Vorgehensweise für den kurzen Träger wiederholen. Den kurzen Träger durch eine der Leiterschnallen fädeln, kantig aufeinanderlegen und festnähen. Das eine Ende des langen Trägers durch die Mittelstange der zweiten Leiterschnalle stecken und bei 3 cm Nahtzugabe festnähen. Nun den restlichen Teil des Trägers erst durch die eine Leiterschnalle fädeln und dann zurück durch die zweite Leiterschnalle führen.

5 Die Tasche auf links drehen, die Enden des Reißverschlusses mittig auf den Taschenboden legen, sodass eine Ecke entsteht. In diese eckige Öffnung kann nun das eine Ende des Trägers hineingeschoben werden. Diese Ecke im Abstand von 1 cm zur Kante zusammennähen, dabei den Träger mitfassen. Mit der anderen Seite den gleichen Arbeitsgang wiederholen.

6 Das Taschenfutter rechts auf rechts auf das Taschenbodenfutter legen und zusammennähen, dabei eine Wendeöffnung freilassen. Die Naht beginnt, wie bei der Oberstofftasche, an der Markierung an der Oberkante der Tasche. Beim Taschenfutter wieder wie bei der Tasche die Nahtzugaben der Taschenoberkante mittig auf das Taschenbodenfutter legen, sodass eine Ecke entsteht. Die Ecke im Abstand von 1 cm abnähen.

7 Die Tasche nun auf rechts drehen und das Taschenfutter auf links. Die Oberstofftasche in die Futtertasche stecken und entlang der Oberkante rechts auf rechts zusammennähen, dazwischen liegt der Reißverschluss. Die Tasche durch die Wendeöffnung ziehen und die Wendeöffnung schließen.

GRÖSSE
35 cm x 26 cm

MATERIAL
* Oberstoff 1: Baumwollstoff in Hellblau, 60 cm x 100 cm
* Oberstoff 2: Baumwollstoff in Blau, 50 cm x 120 cm
* Oberstoff 3: Baumwollstoff in Dunkelblau, 40 cm x 70 cm
* Futterstoff: Futtertaft in Hellblau, 60 cm x 120 cm
* Nähgarn in Blau
* Reißverschluss in Dunkelblau, 30 cm lang
* 2 Leiterschnallen, 3 cm breit

ZUSCHNITT
* Oberstoff 1:
  2x Schnittteil „Taschenteil“
  2x Schnittteil „Taschenboden“
* Oberstoff 2:
  2x Schnittteil „Taschenteil“
  2x Schnittteil „Taschenboden“
  1x Schnittteil „Träger lang“
  1x Schnittteil „Träger kurz“
* Oberstoff 3:
  2x Schnittteil „Taschenteil“
  2x Schnittteil „Taschenboden“
* Futterstoff:
  2x Schnittteil „Taschenfutter“
  2x Schnittteil „Taschenboden“

SCHNITTMUSTERBOGEN
1A, 1B, 2A + 2B

Handtasche

mit Hahnentrittmuster

GRÖSSE
40 cm x 35 cm

MATERIAL

* Oberstoff 1: grober Cordstoff in Dunkelgrau, 60 cm x 140 cm
* Oberstoff 2: Baumwollstoff in Gelb mit Hahnentrittmuster, 70 cm x 110 cm
* Futterstoff: Futtertaft in Gelb, 50 cm x 120 cm
* Nähgarn in Gelb
* Reißverschluss in Grau, 30 cm lang

ZUSCHNITT

* Oberstoff 1:
  2x Schnittteil „Vorderteil“
  1x Schnittteil „Rückenteil“
* Oberstoff 2:
  1x Schnittteil „Vorderteil mittig“
  2x Schnittteil „Taschenblende außen“
  4x Schnittteil „Taschenblende innen“
  4x Schnittteil „Reißverschlussblende“
  1x Schnittteil „Innentasche“
* Futterstoff:
  1x Schnittteil „Taschenfutter“

SCHNITTMUSTER-BOGEN 3A, 3B, 4A+4B

1 Die Schnittteile zuschneiden. Die Falten im Vorderteil einlegen und festnähen. Die abgenähten Falten leicht anbügeln. Das mittige Vorderteil rechts auf rechts erst an das eine Vorderteil und anschließend an das andere Vorderteil nähen. Die Naht in Richtung des mittleren Vorderteils bügeln. Die Taschenblende jeweils rechts auf rechts an das Vorderteil und das Rückenteil nähen. Die Naht in Richtung Blende bügeln. Das Vorderteil und das Rückenteil rechts auf rechts aufeinanderlegen und zusammennähen.

2 Die Oberkante der Innentasche zweimal 1 cm einschlagen und bügeln. Danach diesen Saumeinschlag knappkantig absteppen. Die drei anderen Kanten 1 cm umbügeln, auf das Taschenfutter gemäß Schnittmarkierung auflegen und feststecken. Die Innentasche nun knappkantig aufnähen.

3 Den Reißverschluss auf die rechte Seite der Reißverschlussblende auflegen, sodass das Reißverschlussbändchen in Richtung Kante liegt. Den Reißverschluss annähen. Die zweite Reißverschlussblende auf die eben genähte Naht legen und ebenfalls annähen. Diesen Arbeitsgang mit dem zweiten Reißverschlussbändchen und den anderen beiden Reißverschlussblenden wiederholen. Anschließend die Reißverschlussblende vom Reißverschluss weg bügeln. Nun das vorgefertigte Reißverschlussteil nach Schnittmarkierung rechts auf rechts an die Innentaschenblende annähen. Danach die beiden anderen Innentaschenblenden an die jeweils andere Seite des Reißverschlussteils annähen, sodass am Ende das Reißverschlussteil zwischen der Innentaschenblende liegt. Den Reißverschluss bis ca. zur Mitte öffnen.

4 An die Unterkanten der Innentaschenblende jeweils das Taschenfutter annähen. Das vordere und das hintere Taschenfutter rechts auf rechts aufeinander legen und zusammennähen, dabei eine Wendeöffnung freilassen. Die lange Seite des Trägers rechts auf rechts mittig falten und die lange Seite nähen. Den Träger wenden und bügeln. Den gleichen Arbeitsgang mit dem zweiten Träger wiederholen. Die Träger gemäß Schnittmarkierung an die Außentaschenblenden annähen.

5 Die Tasche ist auf rechts gedreht und das Taschenfutter ist auf links gedreht. Die Oberstofftasche nun in die Futtertasche stecken und an der Oberkante rechts auf rechts zusammennähen. Die Tasche durch die Wendeöffnung ziehen und die Wendeöffnung zunähen. Die Oberkante bügeln und in einem Abstand von 5 mm absteppen.

Shopping Bag

zum Ausklappen

GRÖSSE
25 cm x 25 cm (geschlossen)
40 cm x 25 cm (geöffnet)

MATERIAL
* Oberstoff 1: Baumwollstoff in Apricot, 60 cm x 110 cm
* Oberstoff 2: Baumwollstoff in Hellgrau, 20 cm x 80 cm
* Futterstoff: Futtertaft in Hellgrau, 80 cm x 110 cm
* Nähgarn in Apricot
* Vlieseline, 80 cm x 110 cm
* Baumwollband in Grau, 2,5 cm breit, 2 m lang
* 2 Metalldruckknöpfe, ø 1 cm

ZUSCHNITT
* Oberstoff 1:
  2x Schnittteil „Taschenteil“
  2x Schnittteil „Seitenteil“
* Oberstoff 2:
  2x Schnittteil „Taschenboden“
* Futterstoff:
  2x Schnittteil „Seitenteil“
  2x Schnittteil „Taschenfutter“

SCHNITTMUSTER-BOGEN 1A, 1B + 2B

1 Vor dem Zuschnitt auf die linke Stoffseite für das Taschenteil, das Seitenteil und den Taschenboden die Vlieseline aufbügeln, dadurch bekommt die Tasche etwas mehr Stand. Im Anschluss die Schnittteile zuschneiden.

2 Die Taschenteile jeweils rechts auf rechts auf den Taschenboden auflegen und zusammennähen. Die Nahtzugaben anschließend auseinanderbügeln. Aus dem grauen Baumwollband zwei Stücke in einer Länge von je 25 cm zuschneiden. Jeweils mittig auf die gerade genähte Naht legen und an beiden Seiten knappkantig feststeppen.

3 Die Seitenteile an der kurzen Seite rechts auf rechts zusammennähen und die Nahtzugaben auseinanderbügeln. Das eine Seitenteil nun rechts auf rechts auf das Taschenteil legen und festheften, dabei die Weite in der Rundung am Taschenboden einhalten. Nun die andere Seite genauso festheften. Die seitliche Taschennaht mit der Nähmaschine nähen.

4 Die kurze Seite des Futterseitenteils zusammennähen und anschließend das Seitenteil rechts auf rechts an das Taschenfutter annähen, dabei an einer Seite eine Wendeöffnung freilassen. Aus dem Baumwollband zwei Träger mit einer Länge von 60 cm zuschneiden und gemäß Schnittmarkierung an die Tasche nähen. Die Tasche ist auf rechts gedreht und das Futter ist auf links gedreht.

5 Nun die Oberstofftasche in die Futtertasche stecken und an der Oberkante rechts auf rechts zusammennähen. Die Tasche durch die Wendeöffnung ziehen und die Wendeöffnung zunähen. Die Oberkante umbügeln. Die Metalldruckknöpfe nach Herstelleranleitung und Schnittmarkierung einarbeiten, sodass die Seitenteile eingeknöpft werden können. Zum Abschluss die Träger in einem Abstand von 2 cm zur Kante nach unten festnähen und anschließend wieder nach oben legen und ebenfalls feststeppen.

Jeanstasche

mit filigranem Blumendruck

GRÖSSE
40 cm x 35 cm

MATERIAL
* Oberstoff 1: Jeansstoff in Grauschwarz mit Blumendruck, 40 cm x 120 cm
* Oberstoff 2: Jeansstoff in Schwarz, 60 cm x 140 cm
* Futterstoff: Baumwollpopeline in Pink, 90 cm x 120 cm
* Nähgarn in Schwarz
* Reißverschluss in Schwarz, 35 cm lang
* Volumenvlies, 12 cm x 45 cm
* feste Schabrackeneinlage

ZUSCHNITT
* Oberstoff 1:
  2x Schnittteil „Tasche"
* Oberstoff 2:
  2x Schnittteil „Taschenblende"
  2x Schnittteil „Träger"
* Futterstoff:
  2x Schnittteil „Taschenfutter"
  1x Schnittteil „Innentasche"
  1x Schnittteil „Taschenboden"

SCHNITTMUSTER-BOGEN 1A, 1B, 2A + 2B

1 Die Schnittteile zuschneiden. Die Taschenblende und die Tasche jeweils rechts auf rechts zusammennähen und die Naht auseinanderbügeln. Den Taschenboden rechts auf rechts zusammennähen und anschließend die Seitennähte rechts auf rechts zusammennähen. Die Nähte nun auseinanderbügeln.

2 Die offenen Ecken am Boden der Tasche so hinlegen, dass die Taschenbodennaht und die Seitennaht aufeinandertreffen und dann die Schräge im Abstand von 1 cm zur Kante abnähen. An der Blende im Seitenbereich den entstandenen Stoffbruch mithilfe der Markierung knappkantig absteppen. Nun die abgesteppte Naht bis zur Seitennaht legen, sodass eine Falte entsteht. Das Volumenvlies für den Taschenboden zuschneiden und von innen an die schräg abgenähten Ecken annähen.

3 Die Träger rechts auf rechts aufeinanderlegen, an den Längsseiten zusammennähen und dann durch eine kurze Seite wenden und ausbügeln. Die Träger nun an die Taschenblende gemäß Schnittmarkierung annähen.

4 Die Innentasche aus Futterstoff an allen vier Kanten 1 cm umbügeln. Den Reißverschluss öffnen und die lange Seite der Innentasche an ein Reißverschlussbändchen annähen. Danach den Reißverschluss wieder schließen und die Innentasche auf der Futtertasche gemäß Schnittmarkierung feststecken und anschließend aufsteppen. Die restliche Futtertasche genauso arbeiten wie die Oberstofftasche, dabei eine Wendeöffnung an der Seitennaht freilassen.

5 Die rechte Seite der Oberstofftasche liegt nach außen und die linke Seite der Futtertasche liegt ebenfalls nach außen. Nun wird die Oberstofftasche in die Futtertasche hineingesteckt und an der offenen Kante rechts auf rechts zusammengenäht.
Die Tasche durch die Wendeöffnung umdrehen und die Oberkante umbügeln. Anschließend wird die Kante in einem Abstand von 7 mm abgesteppt. Die Wendeöffnung innen zunähen.

Clutch mit Metallnieten

Glam und Rock

GRÖSSE
25 cm x 15 cm

MATERIAL

* Oberstoff: Baumwollköper in Schwarz, 30 cm x 120 cm
* Futterstoff: Baumwollstoff in Orange mit Punkten, 30 cm x 100 cm
* Nähgarn in Schwarz
* magnetischer Taschenverschluss, ø 1,5 cm
* 11 Metallnieten, ø 5 mm

ZUSCHNITT

* Oberstoff:
  1x Schnittteil „Unteres Vorderteil"
  1x Schnittteil „Oberes Vorderteil"
  1x Schnittteil „Rückenteil"
  1x Schnittteil „Taschenklappe"
  2x Schnittteil „Formstreifen"
* Futterstoff:
  1x Schnittteil „Taschenklappe"
  2x Schnittteil „Taschenfutter"

SCHNITTMUSTER-BOGEN 1A+1B

1 Die Schnittteile zuschneiden. Die zwei Formstreifen für das Einarbeiten der Metallnieten unterlegen und gemäß Schnittmarkierung Löcher für die Nieten stanzen. Nun die Nieten laut Herstelleranleitung einarbeiten. In die Taschenklappe aus Futter das Oberteil des magnetischen Taschenverschlusses nach Schnittmarkierung einarbeiten. Die Taschenklappe aus Futter auf die Taschenklappe aus Oberstoff rechts auf rechts aufeinanderlegen und an der gerundeten Kante zusammennähen, die Taschenklappe nun wenden und bügeln.

2 Das untere Vorderteil nach Schnittmarkierung in Falten legen und diese festheften. Dann das obere Vorderteil und das untere Vorderteil zusammenheften und anschließend mit der Nahmaschine zusammennähen. Die Nahtzugabe nach oben legen und anbügeln, danach die Naht mit einem Abstand von 2 mm absteppen. Nun das Unterteil des magnetischen Taschenverschlusses nach Schnittmarkierung in das Vorderteil einarbeiten. Das Vorderteil und das Rückenteil rechts auf rechts zusammennähen, wenden und bügeln. Die Taschenklappe wird anschließend an das Rückenteil genäht.

3 Das Vorderteil und das Rückenteil des Taschenfutters zusammennähen, dabei eine Öffnung zum Wenden der Tasche freilassen. Die Oberstofftasche ist auf rechts gedreht und das Taschenfutter ist auf links gedreht. Nun wird die Stofftasche in die Futtertasche gesteckt und an der Oberkante zusammengenäht. Die Tasche durch die Wendeöffnung auf rechts drehen, die Wendeöffnung schließen und die Oberkante der Tasche bügeln. Die Taschenkante in einem Abstand von 5 mm absteppen. Jetzt läßt sich die Tasche schließen.

GRÖSSE
35 cm x 20 cm

MATERIAL
* Oberstoff: Baumwollstoff in Moire taupe, 60 cm x 140 cm
* Futterstoff: Baumwollstoff in Grau-Rosa mit Patchworkmuster, 40 cm x 120 cm
* Nähgarn in Grau
* Metalldruckknopf, ø 1 cm
* 2 Leiterschnallen, 3 cm breit

ZUSCHNITT
* Oberstoff:
  2x Schnittteil „Taschenmittelteil“
  2x Schnittteil „Taschenseitenteil“
  2x Schnittteil „Taschenseitenteil unten“
  4x Schnittteil „Taschenblende“
  2x Schnittteil „Taschenklappe“
  1x Schnittteil „Träger lang“
  1x Schnittteil „Träger kurz“
* Futterstoff:
  2x Schnittteil „Taschenseitenteil unten“
  1x Schnittteil „Innentasche“
  2x Schnittteil „Taschenfutter“

SCHNITTMUSTERBOGEN 3A, 3B + 4B

Tragetasche

mit praktischen Außenfächern

1 Die Schnittteile zuschneiden. Das untere Taschenseitenteil aus Futter- und Oberstoff jeweils rechts auf rechts an der Oberkante aufeinanderlegen und an dieser Kante zusammennähen. Die Teile wenden, bügeln und in einem Abstand von 5 mm absteppen. Das untere Taschenseitenteil nun zur Hälfte rechts auf rechts auf Stoffbruch legen und an der unteren Rundung zusammennähen. Die Rundung auf 5 mm zurückschneiden, dann das Teil wenden und bügeln.

2 Das größere Taschenseitenteil rechts auf rechts mittig auf Stoffbruch legen und an der unteren Rundung zusammennähen. Die Naht auf 5 mm zurückschneiden. In das Taschenmittelteil gemäß Schnittmarkierung das Unterteil des Metalldruckknopfes nach Herstelleranleitung einarbeiten. Nun das Taschenmittelteil rechts auf rechts am Taschenboden zusammennähen und die Naht auseinanderbügeln.

3 Das vorbereitete Taschenseitenteil und das vorbereitete Taschenmittelteil rechts auf rechts aufeinanderlegen und zusammennähen. Die Naht in Richtung des Mittelteils legen und bügeln. Die Taschenblende jeweils an das vordere und hintere Taschenteil rechts auf rechts annähen und die Naht nach oben bügeln. Die beiden vorgefertigten Taschenteile nun rechts auf rechts zusammennähen und das Teil wenden.

4 Die Innentasche an der Oberkante zweimal 1 cm einschlagen und umbügeln. Die umgebügelte Nahtzugabe knappkantig absteppen. Die restlichen Kanten 1 cm umbügeln. Dann die Innentasche auf das Taschenfutter nach Schnittmarkierung aufstecken und anschließend aufnähen. Die Taschenblenden jeweils rechts auf rechts auf das Taschenfutter auflegen und zusammennähen. Die beiden Taschenfutterteile rechts auf rechts aufeinanderlegen, zusammennähen und dabei an der Seite eine Wendeöffnung belassen.

5 Die Schnittteile für die Taschenklappe rechts auf rechts aufeinanderlegen und an der gerundeten Kante bei 1 cm zusammennähen. Die Nahtzugabe auf 7 mm zurückschneiden und dann wenden. Die Naht bügeln und bei einem Abstand von 5 mm absteppen. In die Taschenklappe gemäß Schnittmarkierung das Oberteil des Metalldruckknopfes einarbeiten. Die Taschenklappe mittig an das Rückteil der Oberstofftasche nähen.

6 An die kurze Seite des langen Trägers einen festen Wollfaden nähen. Den Träger rechts auf rechts auf Stoffbruch legen und an der langen Seite zusammennähen. Mithilfe des Wollfadens kann der Träger nun gewendet werden. Anschließend die Naht ausbügeln. Die gleiche Vorgehensweise für den kurzen Träger wiederholen. Den kurzen Träger durch eine der Leiterschnallen fädeln und kantig aufeinanderlegen.

7 Den Träger an eine Seitennaht nähen. Das eine Ende des langen Trägers durch die Mittelstange der zweiten Leiterschnalle stecken und bei 3 cm Nahtzugabe festnähen. Nun den restlichen Teil des Trägers erst durch die schon angenähte Leiterschnalle fädeln und dann zurück durch die zweite Leiterschnalle bis zur zweiten Seitennaht führen. Dort annähen.

8 Die Tasche ist auf rechts gedreht und das Futter auf links gedreht. Die Oberstofftasche wird in die Futtertasche gesteckt und an der Oberkante rechts auf rechts zusammengenäht. Die Tasche durch die Wendeoffnung ziehen, die Oberkante bei 5 mm Abstand zur Kante absteppen. Die Wendeöffnung im Futter schließen.

Asymmetrische Tasche

leger und mit Pepp

GRÖSSE
30 cm x 26 cm

MATERIAL
* Oberstoff: Kunstveloursleder in Pink, 70 cm x 120 cm
* Futterstoff: Futtertaft in Dunkelblau, 70 cm x 120 cm
* Nähgarn in Pink
* magnetischer Taschenverschluss, ø 1,5 cm
* vorgefertigtes Paspelband, 60 cm lang

ZUSCHNITT
* Oberstoff:
  2x Schnittteil „Taschenteil"
  1x Schnittteil „Taschenklappe"
  2x Schnittteil „Taschenboden"
  1x Schnittteil „Träger"
* Futterstoff:
  1x Schnittteil „Taschenklappe"
  2x Schnittteil „Taschenboden"
  2x Schnittteil „Taschenfutter"
  1x Schnittteil „Innentasche"

SCHNITTMUSTERBOGEN 1A, 1B + 2A

1 Die Schnittteile zuschneiden. Das vorgefertigte Paspelband an die schrägen Taschenklappenkanten heften und knappkantig neben dem Röllchen aufnähen. In das Taschenklappenfutter nun nach Herstelleranleitung das Oberteil des magnetischen Taschenverschlusses gemäß Schnittmarkierung einarbeiten. Das Taschenklappenfutter rechts auf rechts auf die Taschenklappe legen und in der bereits genähten Naht entlang nähen. Diese Kante auf 5 mm zurückschneiden. Die Taschenklappe wenden und ganz vorsichtig bei niedrigster Temperatur bügeln.

2 Das vordere Taschenteil zur Hand nehmen und das Unterteil des magnetischen Taschenverschlusses nach Schnittmarkierung einarbeiten. Den Taschenboden an der kurzen Seite zusammennähen. Die Taschenteile und den Taschenboden rechts auf rechts aufeinanderlegen, zusammenheften und anschließend mit der Nähmaschine nähen. Den Taschenboden an der oberen Kante zu einer Falte legen, sodass Naht auf Naht liegt, und verriegeln.

3 An eine kurze Trägerseite einen festen Wollfaden nähen. Die lange Seite des Trägers mittig rechts auf rechts falten, den Wollfaden innen mitführen und den Träger zusammennähen. Mithilfe des Wollfadens den Träger wenden. Der Träger wird jetzt an beiden Kanten in einem Abstand von 2 mm abgesteppt. Die Enden des Trägers an die Seitenteile der Tasche nähen. Die vorbereitete Taschenklappe an die hintere Taschenoberkante nähen.

4 Die Oberkante der Innentasche zweimal 1 cm einschlagen und bügeln. Danach diesen Saumeinschlag knappkantig absteppen. Die drei anderen Kanten 1 cm umbügeln und auf das Taschenfutter gemäß Schnittmarkierung auflegen und feststecken. Die Innentasche knappkantig aufnähen.

5 Den Taschenboden aus Futterstoff an der kurzen Seite zusammennähen. Das Taschenfutter und den Taschenboden wie bei der Oberstofftasche rechts auf rechts legen, heften und anschließend zusammennähen, dabei an der Seite eine Wendeöffnung frei lassen. Ebenfalls den Taschenboden an der Oberkante mittig falten, sodass Naht auf Naht liegt, und diese Falte verriegeln.

6 Die Tasche ist nun auf rechts gedreht und die Futtertasche ist auf links gedreht. Die Tasche wird in die Futtertasche hineingesteckt und an der Oberkante zusammengenäht. Die Tasche durch die Wendeöffnung ziehen und die Wendeöffnung zunähen.

Portemonnaie

praktischer Begleiter

GRÖSSE
12 cm x 18 cm

MATERIAL

* Oberstoff: Cordstoff in Mintgrün, 50 cm x 140 cm
* Futterstoff: Baumwollstoff in Schwarz-weiß mit Zebramuster, 40 cm x 100 cm
* Nähgarn in Schwarz
* Reißverschluss in Weiß, 8 cm lang
* Druckknopf in Altmessing, ø 1 cm
* Klarsichthülle

ZUSCHNITT

* Oberstoff:
  1x Schnittteil „Außenteil“
  1x Schnittteil „Innenteil“
  1x Schnittteil „Teil 2“
  1x Schnittteil „Teil 4“
* Futterstoff:
  1x Schnittteil „Teil 1“
  1x Schnittteil „Teil 3“
  1x Schnittteil „Teil 5“
  2x Schnittteil „Teil 6“
  2x Schnittteil „Taschenverschluss“
  2x Schnittteil „Schrägstreifen kurz“
  2x Schnittteil „Schrägstreifen lang“
  1x Schnittteil „Reißverschlussblende“
* Klarsichthülle:
  1x Schnittteil „Fototasche“

SCHNITTMUSTERBOGEN 2A + 2B

1 Die Schnittteile zuschneiden. Teil 2 und Teil 4 links auf links mittig zusammenfalten. Teil 3 und Teil 5 laut Markierung links auf links zusammenfalten. Alle vier vorbereiteten Teile kantig übereinanderlegen und an den seitlichen Kanten bei 3 mm zusammennähen.

2 Teil 1 rechts auf rechts mittig zusammenfalten, das vorgefertigte Teil dazwischen legen und festnähen. Anschließend das Teil wenden, sodass die erste Seite des Innenteils fertig auf das Innenteil aus Oberstoff aufgenäht werden kann. Dafür das vorgefertigte Teil auf das Innenteil kantig auflegen, an den äußeren Kanten bei 3 mm zusammennähen und in der Mitte einmal durchsteppen.

3 Die Fototasche aus der Klarsichtfolie gemäß Schnittmarkierung aufnähen und die Fächer abnähen. Die Reißverschlussblende rechts auf rechts auf ein Teil 6 legen und an der markierten Reißverschlussöffnung ein Rechteck steppen. Das Rechteck mittig einschneiden und 1 cm vor den Ecken schräg auf die Ecken zuschneiden. Die Reißverschlussblende nach innen wenden und bügeln.

4 Den Reißverschluss unter die Öffnung legen und knappkantig aufsteppen. Das zweite Teil 6 und Teil 6 mit Reißverschluss rechts auf rechts legen und an der langen Seite gegenüber der Reißverschlussseite zusammennähen, wenden und bügeln. Die Tasche mit dem Reißverschluss auf die Innentasche kantig auflegen und bei 3 mm zusammennähen.

5 Die Teile für den Taschenverschluss rechts auf rechts aufeinanderlegen und zusammennähen, dabei die kurze Seite offen lassen, wenden und bügeln. Die Oberseite des Druckknopfes nach Herstelleranleitung und gemäß Schnittmarkierung in den Taschenverschluss einarbeiten. Danach den Taschenverschluss auf die Außentasche aufnähen, 3 cm vor dem Verschluss enden, damit später die Außenkante des Portemonnaies noch eingefasst werden kann. Die Unterseite des Druckknopfes nach Schnittmarkierung in die Außentasche einarbeiten.

6 Die Schrägstreifen zum Einfassen des Portemonnaies vorbereiten. Immer ein langes und ein kurzes Schnittteil zusammennähen. Dabei eine Ecke abnähen, wie auf dem Schnittteil dargestellt. Wenn alle vier Teile zusammengenäht sind, entsteht ein Rechteck. Die abgenähten Ecken wenden und nun die Nahtzugabe umbügeln. Zum Schluss das vorgefertigte Schrägband an das Portemonnaie nähen.

Faltentasche

formschön gerundet

GRÖSSE
25 cm x 32 cm

MATERIAL

* Oberstoff: Veloursstoff in Dunkelgrün, 90 cm x 120 cm
* Futterstoff: Baumwollstoff in Mintgrün mit Pünktchen, 30 cm x 110 cm
* Nähgarn in Dunkelgrün
* 4 Metallknöpfe, ø 1 cm
* Volumenvlies, 30 cm x 100 cm
* Schabrackeneinlage

ZUSCHNITT

* Oberstoff:
  2x Schnittteil „Taschenteil“
  1x Schnittteil „Taschenboden“
  4x Schnittteil „Riegel“
  2x Schnittteil „Träger“
* Futterstoff:
  1x Schnittteil „Taschenboden“
  2x Schnittteil „Taschenfutter“
  1x Schnittteil „Innentasche“

SCHNITTMUSTERBOGEN 3A, 3B, 4A + 4B

1 Die Schnittteile zuschneiden. Die Falten der Taschenteile auf der linken Stoffseite anzeichnen. An der unteren Kante des Taschenteils zunächst die Falten einlegen und von rechts nach links über die gesamte Breite festriegeln. Danach an der oberen Kante von rechts nach links jede Falte einlegen und die Falten bis zur angezeichneten Linie zunähen, sodass sie dann mittig der Tasche aufspringen können. Gemäß Schnittteil an der Markierung für den Umbruch der Taschenkante einen Stoffbruch einbügeln. Die beiden Taschenteile rechts auf rechts aufeinanderlegen, zusammennähen und die Nahtzugaben auseinanderbügeln.

2 Den Riegel rechts auf rechts aufeinanderlegen und an der langen geraden Seite mit dem Nähen beginnen; rundherum nähen und ca. 3 cm vor Nahtanfang verriegeln. Anschließend den Riegel wenden und bügeln. Die Öffnung unsichtbar mit der Hand zunähen. Das Ganze für den zweiten Riegel wiederholen. Die Riegel nun gemäß Schnittmarkierung auf der Tasche positionieren und laut Herstelleranleitung die Unterseite der Metallknöpfe durch alle Schichten einarbeiten. Die zylinderförmige Tasche rechts auf rechts auf den runden Taschenboden legen, zum Positionieren die Markierung im Taschenboden und die Seitennaht aufeinander legen und dann die Weite gleichmäßig verteilen und festheften. Anschließend die Naht mit der Nähmaschine nähen.

3 Die Innentasche nach Schnittmarkierung rechts auf rechts auf das Taschenfutter legen und von Knips zu Knips nähen, dabei ist an den Außenkanten der Innentasche jeweils 1 cm lose. Die Knipse bis kurz vor die Naht einschneiden, die Innentasche wenden und die Naht bügeln, dabei die seitlichen Nahtzugaben nach außen drehen. Die Innentasche mittig auf Stoffbruch legen, sodass ein Taschenbeutel entsteht. Die seitlichen Nähte schließen. Nun die Taschenfutterteile rechts auf rechts an den Seitennähten zusammennähen, dabei eine Wendeöffnung freilassen. Den gleichen Arbeitsschritt der Oberstofftasche bei der Futtertasche wiederholen und den Taschenboden annähen.

4 Das Volumenvlies an den Taschenboden und an den oberen Faltenbereich nähen. Die Tasche ist auf rechts gedreht und das Taschenfutter ist auf links gedreht. Die Oberstofftasche nun in die Futtertasche stecken und an der Kante rechts auf rechts zusammennähen, dabei darauf achten, dass die Nahttasche nicht zugenäht wird. Die Tasche durch die Wendeöffnung ziehen und die Wendeöffnung zunähen.

5 Die Träger an der langen Seite mittig auf einanderlegen und von der Mitte aus nach außen entlang der Kante und am Ende um die Ecke nähen. In die andere Richtung wiederholen. Mittig bleibt eine Öffnung von ca. 5 cm. Die Träger durch die Öffnung wenden, bügeln und mit der Hand zunähen. Die Oberteile der Metallknöpfe nach Schnittmarkierung in die Träger einarbeiten und dann an die Tasche knöpfen. Bei Bedarf können die Träger durch längere Träger ersetzt werden.

Festliche Clutch

mit abnehmbarer Schleife

GRÖSSE
25 cm x 16 cm

MATERIAL
* Oberstoff 1: Jeansstoff in Neonorange, 30 cm x 140 cm
* Oberstoff 2: Jeansstoff in Schwarz, 20 cm x 80 cm
* Futterstoff: Baumwollstoff in Orange mit Pünktchen, 30 cm x 140 cm
* Nähgarn in Orange
* magnetischer Taschenverschluss, ø 1,5 cm
* Sicherheitsnadel

ZUSCHNITT
* Oberstoff 1:
  2x Schnittteil „Tasche"
  1x Schnittteil „Schleife"
  1x Schnittteil „Schlaufe"
* Oberstoff 2:
  4x Schnittteil „Taschenblende"
* Futterstoff:
  2x Schnittteil „Taschenfutter"
  1x Schnittteil „Innentasche"

SCHNITTMUSTER-BOGEN 4A+4B

1 Die Schnittteile zuschneiden. Die Falten der Tasche anhand der Pfeilrichtung auf dem Schnitt einlegen und festnähen. Die Taschenblende rechts auf rechts jeweils an die beiden Taschenteile nähen. Die Taschenblende nach oben schlagen und die Naht ausbügeln.

1 Die Oberkante der Innentasche zweimal 1 cm einschlagen und bügeln. Danach diesen Saumeinschlag knappkantig absteppen. Die drei anderen Kanten 1 cm umbügeln, auf das Taschenfutter gemäß Schnittmarkierung auflegen und feststecken. Die Innentasche nun knappkantig aufnähen.

3 Die zwei restlichen Taschenblenden rechts auf rechts auf das Taschenfutter legen und zusammennähen. Die Taschenblende ebenfalls nach oben schlagen und die Naht ausbügeln. Das Ober- und Unterteil des magnetischen Taschenverschlusses jeweils in eine der inneren Taschenblenden nach Herstelleranleitung einarbeiten. Nun die beiden Taschenfutter rechts auf rechts aufeinanderlegen und zusammennähen. Dabei eine Wendeöffnung an der Seite freilassen. Die rechte Seite der Tasche liegt nach außen und die linke Seite des Taschenfutters liegt nach außen. Die Tasche nun in das Taschenfutter stecken und an der Oberkante der Tasche rechts auf rechts zusammennähen. Die Tasche durch die Wendeöffnung ziehen, die Wendeöffnung zunähen und die Oberkante der Tasche bügeln. Anschließend die Oberkante in einem Abstand von 5 mm absteppen.

4 Die kurze Seite der Schleife rechts auf rechts kantig aufeinanderlegen und zusammennähen, dabei mittig eine Öffnung von ca. 4 cm freilassen. Die Naht nun so falten, dass sie mittig auf die Markierung im Schnitt trifft. Die so entstandene Strecke auf beiden Seiten zusammennähen. Die Schleife durch die Öffnung wenden. Das Schlaufenteil an der langen Seite rechts auf rechts zusammennähen und wenden. Die Enden zusammennähen, sodass eine Schlaufe entsteht. Die Schleife durch die Schlaufe ziehen und nun die Sicherheitsnadel durch die Rückseite fädeln und an die Tasche stecken.

Beuteltasche

New York, New York

GRÖSSE
24 cm x 40 cm

MATERIAL
* Oberstoff: Baumwollstoff Fotodruck New York, 60 cm x 140 cm
* Futterstoff: Baumwollstoff in Schwarz, 50 cm x 100 cm
* Nähgarn in Schwarz
* 10 Metallösen, ø 1,4 cm
* 2 Metalldruckknöpfe, ø 1 cm
* Volumenvlies, 30 cm x 30 cm
* Kordel in Schwarz, ø ca. 1 cm, 1,50 m lang

ZUSCHNITT
* Oberstoff:
  1x Schnittteil „Taschenboden"
  1x Schnittteil „Tasche"
  1x Schnittteil „Innenblende"
  1x Schnittteil „Innentasche"
* Futterstoff:
  1x Schnittteil „Taschenboden"
  1x Schnittteil „Taschenfutter"
  1x Schnittteil „Innentasche"
  2x Schnittteil „Träger"
  1x Schnittteil „Innentaschenband"
* Volumenvlies:
  1x Schnittteil „Taschenboden"

SCHNITTMUSTERBOGEN 3A, 4A + 4B

1 Die Schnittteile zuschneiden. Die langen Seiten der Träger rechts auf rechts aufeinanderfalten und zusammennähen. Die Träger durch die kurze offene Seite wenden und bügeln. Die seitlichen Taschenkanten rechts auf rechts aufeinanderlegen und die Naht nähen, sodass ein Zylinder entsteht. Danach den Taschenboden aus dem Oberstoff mit dem Volumenvlies verstärken. Die beiden Träger am Taschenboden in Höhe der Seitennaht festriegeln. Die Tasche und den Taschenboden rechts auf rechts aufeinanderlegen und im ersten Schritt zusammenheften, dabei die Weite gleichmäßig verteilen. Anschließend die Naht mit der Nähmaschine nähen.

2 Das Band für die Innentasche genauso arbeiten wie den Träger in Schritt 1. Die Innentasche rechts auf rechts bis zum Knips auf Mittelbruch legen und bis zum Knips zusammennähen, das Band in der Seitennaht mit nähen. Den gleichen Arbeitsschritt für die Futterinnentasche wiederholen, an der Seite eine Wendeöffnung frei lassen. Die Innentaschenteile aus Futter- und Oberstoff rechts auf rechts ineinander stecken und an den offenen Kanten zusammennähen. Die Innentasche wenden und bügeln. Die Kante der Tasche in einem Abstand von 5 mm zur Kante absteppen. Nun gemäß Schnittmarkierung und Herstelleranleitung die Druckknöpfe einarbeiten.

3 Das Taschenfutter an die Innenblende rechts auf rechts legen und zusammennähen. Die Naht auseinanderbügeln. Die Innenblende mit dem Taschenfutter rechts auf rechts aufeinanderlegen und an der seitlichen Kante zusammennähen, dabei das Band der Innentasche mit annähen und eine Wendeöffnung belassen. Den Taschenboden aus Futterstoff und das Taschenfutter rechts auf rechts aufeinanderlegen und im ersten Schritt zusammenheften und anschließend mit der Nähmaschine nähen.

4 Die Oberstofftasche ist auf rechts gedreht und die Futtertasche ist auf links gedreht. Die Oberstofftasche nun in die Futtertasche stecken und an der Oberkante zusammennähen, dabei die Träger in Höhe der seitlichen Naht mitfassen. Die Tasche durch die Wendeöffnung ziehen, dann die Oberkante bügeln und in einem Abstand von 5 mm zur Kante absteppen. Die Wendeöffnung zunähen. Die Metallösen nach Herstelleranleitung einarbeiten und die dicke Kordel einziehen. Die Enden der Kordel verknoten und eine Schleife binden.

NEW YORK

Kosmetiktasche und Kulturtasche

fröhlicher Regenbogen-Look

GRÖSSE

Kosmetiktasche 18 cm x 10 cm
Kulturtasche 35 cm x 18 cm

MATERIAL

KOSMETIKTASCHE

* Oberstoff: Baumwollstoff mit Regenbogenmuster, 40 cm x 30 cm
* Futterstoff: Baumwollstoff in Weinrot, 40 cm x 30 cm
* Nähgarn in Dunkelblau
* Reißverschluss in Dunkelblau, 35 cm lang

KULTURTASCHE

* Oberstoff: Baumwollstoff mit Regenbogenmuster, 60 cm x 50 cm
* Futterstoff: Baumwollstoff in Weinrot, 60 cm x 50 cm
* Nähgarn in Rot
* Reißverschluss in Rot, 55 cm lang

ZUSCHNITT

KOSMETIKTASCHE

* Oberstoff: 1x Schnittteil „Tasche klein“
* Futterstoff: 1x Schnittteil „Tasche klein“

KULTURTASCHE

* Oberstoff: 1x Schnittteil „Tasche groß“
* Futterstoff: 1x Schnittteil „Tasche groß“

SCHNITTMUSTERBOGEN 3A+3B

Kosmetiktasche

1 Die Schnittteile zuschneiden. Die Tasche aus Oberstoff und Futterstoff rechts auf links aufeinanderlegen und rundherum im Abstand von 5 mm zur Kante zusammennähen.

2 Das eine Bändchen des Reißverschlusses auf die große Rundung der Tasche legen, sodass das Bändchen in Richtung Kante liegt. Das Bändchen zunächst festheften und anschließend mit der Nähmaschine festnähen. Den gleichen Arbeitsgang mit dem anderen Reißverschlussbändchen wiederholen. Den Reißverschluss bis kurz vor dem Ende schließen, sodass die Innenseite der Tasche nach außen liegt.

3 Die sich so ergebenden Ecken in einem Abstand von 1 cm abnähen, damit die Kosmetiktaschenform entsteht. Den Reißverschluss wieder öffnen und die Tasche wenden. Die Nahtzugabe unter dem Reißverschlussbändchen auf 5 mm zurückschneiden, sodass die Nahtzugabe vom Reißverschlussbändchen abgedeckt ist und innen sauber aussieht.

Kulturtasche

Die Kulturtasche genauso nähen wie die Kosmetiktasche.

City-Rucksack

der Kleine für die Stadt

GRÖSSE
30 cm x 35 cm

MATERIAL
* Oberstoff: Baumwollstoff in Schwarz-Grau mit Muster, 90 cm x 110 cm
* Futterstoff: Baumwollstoff in Schwarz, 90 cm x 110 cm
* Nähgarn in Schwarz
* Volumenvlies, 20 cm x 70 cm
* Baumwollschrägband in Schwarz, 1 cm breit, 1,70 m lang
* Baumwollband in Schwarz, 2 cm breit, 70 cm lang
* 4 Karabinerhaken, 2,5 cm lang
* 4 Karabinerösen, 2 cm breit
* 2 Kordelstopper in Schwarz

ZUSCHNITT
* Oberstoff:
  2x Schnittteil „Tasche"
  1x Schnittteil „Taschenboden"
  2x Schnittteil „Tunnelzug"
  2x Schnittteil „Rucksackklappe"
  1x Schnittteil „Außentasche"
  1x Schnittteil „Außentaschenklappe"
* Futterstoff:
  2x Schnittteil „Tasche"
  1x Schnittteil „Taschenboden"
  2x Schnittteil „Tunnelzug"
  1x Schnittteil „Aufhänger"
  1x Schnittteil „Außentasche"
  1x Schnittteil „Außentaschenklappe"
  2x Schnittteil „Träger"

SCHNITTMUSTERBOGEN
3 A, 3 B + 4 B

1 Die Schnittteile zuschneiden. Die Außentasche aus dem Oberstoff und dem Futterstoff rechts auf rechts aufeinander legen und an der oberen Kante zusammennähen, wenden und die Naht bügeln. Die Ecken an der Taschenunterkante rechts auf rechts legen und zunähen. Die Position für die Baumwolllaschen auf der Außentasche anzeichnen. Das Baumwollband zweimal auf 7 cm zuschneiden. Jeweils durch ein Baumwollband eine Karabineröse fädeln, sodass das Band doppelt liegt, dann das Ende 1 cm einschlagen und knappkantig auf die Außentasche nähen, in 1 cm Abstand eine weitere Naht nähen. Nun die drei offenen Kanten der Außentasche 1 cm umbügeln und auf der Tasche entlang der Schnittmarkierung aufheften. Anschließend mit der Nähmaschine die Außentasche knappkantig aufnähen.

2 Die Außentaschenklappe genauso arbeiten wie die Außentasche einschließlich dem Abnähen der Ecken. Nun die offenen Kanten mit dem schwarzen Baumwollschrägband einfassen, dabei die Enden nach innen stopfen und mit nähen, damit die Kanten sauber sind. Das schwarze Baumwollband zweimal auf je 13 cm zuschneiden. Die Karabinerhaken einfädeln und doppellagig gemäß Schnittmarkierung auf die Außentaschenklappe aufnähen. Die fertige Außentaschenklappe nun auf die Tasche laut Schnittmarkierung knappkantig aufnähen.

3 Das Baumwollband auf zweimal 5 cm zuschneiden und jeweils eine Karabineröse durchziehen. Doppellagig auf die Oberstofftaschen gemäß Schnittmarkierung aufnähen. Das Schnittteil für den Aufhänger rechts auf rechts mittig falten und zusammennähen. Den Aufhänger durch eine der kurzen Seiten wenden und bügeln. Die Träger genauso arbeiten wie den Aufhänger. Die lange Seite rechts auf rechts mittig aufeinanderlegen und zusammennähen, wenden und bügeln.

4 Die Schnittteile für die Rucksackklappe links auf links aufeinanderlegen und ringsum im Abstand von 5 mm aufeinandernähen. Die runde Außenkante der Klappe mit dem schwarzen Baumwollschrägband einfassen. Den Aufhänger nach Schnittmarkierung an die Oberkante der Rucksackklappe annähen. Das Baumwollband auf zweimal 7 cm zuschneiden, jeweils einen Karabinerhaken durchziehen und doppellagig auf die Rucksackklappe gemäß Schnittmarkierung aufnähen.

5 Die beiden Schnittteile für die Tasche aus Oberstoff rechts auf rechts legen und zusammennähen. Die Nahtzugaben auseinanderbügeln. In ein Tunnelzugteil gemäß Schnittmarkierung Knopflöcher einarbeiten. Die beiden Tunnelzugteile aus Oberstoff rechts auf rechts legen und an den Seitennähten zusammennähen. Die Nahtzugaben auseinanderbügeln. An das rückwärtige Tunnelzugteil ohne Knopflöcher die Träger laut Schnittmarkierung annähen. Die Rucksackklappe ebenfalls am rückwärtigen Tunnelzugteil so annähen, dass die Karabinerhaken beim Schließen der Klappe nach außen zeigen. Nun das Tunnelzugteil rechts auf rechts auf das Taschenteil legen und an der Oberkante zusammennähen. Die Nahtzugaben auseinanderbügeln.

6 Die Oberstofftaschen rechts auf rechts auf den Taschenboden aus Oberstoff legen, dabei die Seitennähte der Tasche auf die Markierung legen, die Weite rundum gleichmäßig verteilen und zunächst feststecken. Dann die Enden der Träger an der Schnittmarkierung anlegen und festnähen. Anschließend den Taschenboden mit der Nähmaschine annähen.

7 Die Taschenteile aus Futterstoff rechts auf rechts legen und an den Seitennähten zusammennähen, dabei an einer Seite eine Wendeöffnung freilassen. Die Tunnelzugteile aus Futterstoff rechts auf rechts legen und an den Seitennähten zusammennähen. Jeweils die Nahtzugaben auseinanderbügeln. Die Futtertasche rechts auf rechts auf den Taschenboden aus Futterstoff legen, dabei die Seitennähte an die Markierung anlegen und den Taschenboden wie in Schritt 6 feststecken, die Weite gleichmäßig verteilen und anschließend mit der Nähmaschine zusammennähen. Das Tunnelzugteil aus Futterstoff rechts auf rechts an die Futtertaschen legen und an der Oberkante der Tasche zusammennähen. Die Nahtzugaben auseinanderbügeln.

8 Der Rucksack aus Oberstoff ist auf rechts gedreht und das Taschenteil aus Futterstoff ist auf links gedreht. Nun den Oberstoffrucksack in die Futtertasche stecken und an der oberen offenen Kante rechts auf rechts zusammennähen. Den Rucksack durch die Wendeöffnung ziehen und die gerade genähte Naht an der Oberkante bügeln und anschließend im Abstand von 5 mm zur Kante absteppen. Die Wendeöffnung zunähen. Danach die Ansatznaht des Tunnelzuges durchsteppen und im Abstand von 2 cm eine weitere Naht nähen. Dann das Baumwollband mithilfe einer Sicherheitsnadel durch den Tunnelzug führen, an beiden Enden einen Kordelstopper einfädeln und das Ende verknoten. Die Karabinerhaken schließen, und der Rucksack ist fertig.

Reisepasshülle

für die weite Welt

GRÖSSE
20 cm x 14 cm

MATERIAL

* Oberstoff 1: Baumwollstoff in Weiß mit Pusteblumenmotiv, 60 cm x 25 cm
* Oberstoff 2: Baumwollstoff in Dunkelrot, 15 cm x 20 cm
* Oberstoff 3: Baumwollstoff in Hellgrau, 60 cm x 25 cm
* Nähgarn in Hellgrau

ZUSCHNITT

* Oberstoff 1:
  1x Schnittteil „Vorderteil 3"
  1x Schnittteil „Rückteil"
  1x Schnittteil „Innenteil"
* Oberstoff 2:
  1x Schnittteil „Vorderteil 2"
* Oberstoff 3:
  1x Schnittteil „Vorderteil 1"
  1x Schnittteil „Mittelstreifen"
  2x Schnittteil „Innenseitenteil"

SCHNITTMUSTERBOGEN 4A

1 Die Schnittteile zuschneiden. Für die Außenseite der Reisepasshülle die Vorderteile 1 und 2 zusammennähen. Die Nahtzugaben auseinanderbügeln. Danach Vorderteil 3 an das vorbereitete Teil nähen und wiederum die Naht auseinanderbügeln. Den Mittelstreifen an das Rückteil und das vorbereitete Vorderteil nähen, sodass die äußere Hülle ein Teil ergibt.

2 Die Innenseitenteile gemäß Schnittmarkierung umbügeln und auf die rechte Seite der Reisepasshülle heften. Danach das Innenteil mit der rechten Seite nach innen auf die rechte Seite der Reisepasshülle legen und einmal rundherum nähen. Dabei eine kleine Öffnung zum Wenden der Hülle frei lassen. Die Hülle wenden, die Ecken schräg zurückschneiden und ausformen. Zuletzt die Wendeöffnung von Hand zunähen.

Die Lust am Nähen hat bei **Franziska Leonhardt** bereits als junges Mädchen begonnen. Damals war Mamas Stoffkiste perfekt für die ersten Nähversuche und wurde in schnellen Zügen geplündert. Als es dann um die Zukunft ging, war bald klar, dass sie ihr Hobby zum Beruf machen möchte. Sie hat eine Schneiderausbildung absolviert, ein Studium angehängt und arbeitet nun in einem sehr erfolgreichen, deutschen Modekonzern als Produktentwicklerin. Für Freunde und Familie fertigt sie gerne besondere Wünsche für besondere Anlässe.
Vor einigen Monaten hat sie einen kleinen Shop bei Dawanda eröffnet und verkauft dort verschiedene Geschenkartikel. Piccolina_by_Leonhardt.

DANKE!

Wir danken den Firmen Coats GmbH, www.coatsgmbh.de, Prym Consumer GmbH, www.prym-consumer.com sowie Freudenberg & Co. KG, www.freudenberg.de für die Unterstützung bei diesem Buch.

IMPRESSUM

FOTOS: frechverlag GmbH, 70499 Stuttgart; lichtpunkt, Michael Ruder, Stuttgart
PRODUKTMANAGEMENT: Nina Armbruster
LEKTORAT: Anja Fuhrmann, Berlin
GESTALTUNG: Petra Theilfarth
DRUCK: frechdruck GmbH, 70499 Stuttgart

PRINTED IN GERMANY

1. Auflage 2013

ISBN 978-3-7724-6909-1 • Best.-Nr. 6909